Zuzanna Schubert

Gutes Benehmen

– fit in 30 Minuten

Rosenbrock
2012

Kids auf der Erfolgsspur

Die Deutsche Bibliothek – CIP-Einheitsaufnahme

Ein Titeldatensatz für diese Publikation ist bei der
Deutschen Bibliothek erhältlich.

Herausgeber: Das LernTeam, Marburg
Lektorat: Hille & Schäfer, Freiburg
Illustrationen, Titel und Layout: Ulf Marckwort, Kassel
Satz: Frank Werner, Kassel
Druck und Verarbeitung: Salzland Druck, Staßfurt

2. Auflage 2008

Hinweis:
Dieses Buch ist sorgfältig erarbeitet worden. Dennoch erfolgen alle Angaben ohne Gewähr. Weder Autor noch Verlag können für eventuelle Nachteile oder Schäden, die aus den im Buch gemachten Hinweisen resultieren, eine Haftung übernehmen.

Printed in Germany

www.gabal-verlag.de
www.gabal-shop.de

ISBN 978-3-89749-679-8

In 30 Minuten auf die Überholspur!

Dieses Buch ist so konzipiert worden, dass du in kurzer Zeit eine Menge über gutes Benehmen erfährst.

- Jedes Kapitel beginnt mit drei zentralen Fragen, die im Verlauf des jeweiligen Kapitels beantwortet werden.

- Nach jedem Kapitel werden die wichtigsten Inhalte noch einmal zusammengefasst.

Da dieses Buch so klar und deutlich strukturiert ist, kannst du es später immer wieder zur Hand nehmen, um schnell die für dich interessanten Teile zu wiederholen. Das Stichwortregister wird dir dabei eine zusätzliche Hilfe sein.

Inhalt

Hallo und herzlich willkommen!

Die Jugend von heute liebt den Luxus, hat schlechte Manieren und verachtet die Autorität. Sie widersprechen ihren Eltern, legen die Beine übereinander und tyrannisieren ihre Lehrer.
Sokrates

Der berühmte griechische Philosoph Sokrates hat das vor sehr langer Zeit behauptet. Den Satz könnte er aber heute noch sagen, denn vielerorts ist das Verhalten von Schülern, Kindern und Jugendlichen sogar noch schlimmer geworden. Sicher trifft diese Aussage auf dich nicht zu, aber bestimmt kennst auch du Situationen, in denen du dich fragst: „Wie verhalte ich mich jetzt bloß richtig?" oder „Wie komme ich aus diesem Fettnäpfchen wieder raus?" Dann enthält dieses Buch die richtigen Tipps für dich.
Begriffe wie Etikette, Stil, Manieren sind dir bestimmt schon oft beim Lesen von Zeitungen, Büchern oder Zeitschriften begegnet. Doch was sie bedeuten, ist dir vielleicht nicht klar. Eigentlich bezeichnen all diese Vokabeln nur Verhaltensregeln, die helfen, gut miteinander auszukommen. Viele dieser Regeln haben die Aufgabe, unseren Umgang mit anderen möglichst respektvoll zu gestalten und einander unsere Achtung zu zeigen.

Dieser Ratgeber wurde für Kids geschrieben, die Fragen zum Thema Benehmen haben und ein paar handfeste Tipps gut gebrauchen können.

Zum Aufbau des Buchs

- Im ersten Kapitel erfährst du, wie gut du dich bereits benimmst und wofür du „Gutes Benehmen“ überhaupt gebrauchen kannst.
- Im zweiten Kapitel geht es um den freundlichen und respektvollen Umgang in der Schule, also mit Lehrern und Mitschülern. Hier erhältst du zahlreiche Tipps, die dir deinen Alltag in der Schule leichter und angenehmer machen.
- Im dritten Kapitel erfährst du, wie du mit guten Tischmanieren deine Familie, Freunde und Gastgeber „entzücken“ kannst.
- Damit du auch in der Öffentlichkeit eine gute Figur machst, erhältst du im vierten Kapitel eine Menge Tipps und Anregungen zum richtigen Verhalten in wichtigen Situationen.

Viel Spaß mit diesem Buch und viel Erfolg auf dem Weg zum Benimm-Profi wünscht dir

Zuzanna Schubert
(www.lernteam.de)

1. Gutes Benehmen – was ist das?

Kennst du deinen Benimm-Faktor?

Weißt du, wie wichtig deine innere Einstellung und dein Respekt anderen Menschen gegenüber ist?

Möchtest du erfahren, warum du durch gezieltes Lächeltraining andere Menschen glücklich machen kannst?

Manche Eltern oder Großeltern sagen: „Du hast aber schlechte Manieren!" Was sind aber Manieren? Manieren kannst du auch mit gutem Benehmen und angemessenem Verhalten übersetzen. Dieses Benehmen hilft dir, dich – egal in welcher Situation – richtig und damit selbstbewusst zu verhalten.

Kannst du dich gut benehmen, brauchst du nicht mehr einsam in der Ecke zu stehen – aus Angst, etwas falsch zu machen. Deine Freunde müssen dann auch nicht vor deinen Besuchen zittern, wenn deren Eltern zu Hause sind – aus Sorge vor deinem blamablen Auftritt.

Mal ganz ehrlich: Weißt du, wie du dich in kniffligen Situationen richtig benimmst? Wenn du das herausfinden willst, dann mach jetzt den folgenden Benimm-Test.

Teste deinen Benimm-Faktor!

Kreuze die Antwort an, die deiner Meinung nach am ehesten auf dich zutrifft. Im Anschluss an die letzte Frage zählst du deine Punkte zusammen und erfährst, wie gut dein Benehmen bereits ist.

---

1. Du kommst zu spät in den Unterricht. Was machst du?

- a Ich setze mich einfach hin und sage nichts.
- b Ich entschuldige mich und sage kurz, warum ich mich verspätet habe.
- c Zu spät in den Unterricht kommen? Ich bin immer pünktlich!

---

2. Auf dem Gang begegnet dir dein Lehrer. Wie verhältst du dich?

- a Ich sage „Guten Tag" und schaue ihn freundlich an.
- b Ich sage kurz „Hallo" und gehe dann schnell weiter.
- c Ich gehe entspannt an ihm vorbei.

---

3. Ein Mitschüler stolpert über seine eigenen Füße und krümmt sich vor Schmerzen. Wie reagierst du?

- a Ich muss lachen.
- b Ich frage, ob ich ihm helfen kann.
- c Ob ich helfe, hängt davon ab, ob ich ihn mag oder nicht.

4. Du wirst ins Schul-Sekretariat gerufen. Die Tür ist geschlossen. Was tust du?

- a Ich öffne die Tür und schaue, ob jemand da ist.
- b Ich klopfe an und warte, bis ich hereingebeten werde.
- c Ich klopfe an und gehe dann sofort herein.

---

5. Eure Religionslehrerin steht vor der Klasse. Ihr Reißverschluss ist offen. Alle starren auf ihre Hose. Was macht du?

- a Ich mache gar nichts und schaue weg.
- b Ich melde mich und teile meiner Lehrerin ihr Missgeschick höflich mit.
- c Ich versuche, meine Lehrerin durch Mimik und Gestik unauffällig darauf aufmerksam zu machen.

---

6. Ein Freund hat Krach mit einem Lehrer, und es artet in einen Streit aus. Wie reagierst du?

- a Du stehst hinter deinem Freund und beruhigst ihn.
- b Du ermutigst ihn, es dem Lehrer mal richtig zu zeigen.
- c Du hältst dich raus. Das ist nicht deine Angelegenheit.

---

7. Dir läuft im Bus die Nase. Was machst du, wenn du kein Taschentuch griffbereit hast?

- a Ich frage den Sitznachbarn nach einem Taschentuch.
- b Ich ziehe die Nase hoch.
- c Ich lasse die Nase laufen und wische „die Rotze" mit meinem Jackenärmel ab.

8. Du bist zum Essen im Restaurant eingeladen und hast einen Mordshunger. Wann beginnst du zu essen?

- a Ich warte, bis der Gastgeber das Startsignal gibt.
- b Sofort, weil ich sonst Kohldampf schiebe.
- c Ich warte, bis sich alle das Essen auf den Teller geschaufelt haben, und beginne dann sofort.

---

9. Deine Eltern haben den Chef deines Vaters zum Abendessen eingeladen. Dir ist stinklangweilig. Als der Chef deines Vaters etwas Wichtiges sagen möchte, merkst du, dass du rülpsen musst. Was machst du?

- a Ich lasse den Rülpser raus, aber so leise, wie es nur geht. Wenn dich deine Eltern oder der Gast mit strenger Miene anschauen, entschuldigst du dich.
- b Ich lasse den Rülpser einfach raus. Die anderen wissen schließlich, dass man schon mal ein Bäuerchen machen muss, wenn man viel getrunken hat.
- c Ich ziehe die „Notbremse", erhebe mich und sage, dass ich gleich wieder da bin.

---

10. Eine Tante kommt zu Besuch. Sie tritt ins Wohnzimmer und begrüßt dich. Du sitzt auf dem Sofa und schreibst eine SMS. Wie reagierst du?

- a Ich stehe auf, begrüße sie und reiche ihr die Hand.
- b Ich bleibe sitzen, sage kurz „Hi" und schreibe weiter.
- c Ich bleibe sitzen, schreibe die SMS schnell fertig und begrüße sie dann im Stehen mit Handschlag.

11. Dein Freund war bei dir zu Besuch. Ihr wart zusammen skaten und schaut nun noch ein Video. Während des Films klingelt es an der Tür, und dein Freund wird abgeholt. Wie verhältst du dich?

- a Ich sage: „Tschüss, bis morgen!" und gucke weiter.
- b Ich bringe meinen Freund zur Tür und verabschiede ihn.
- c Ich mache den Fernseher aus, bleibe auf dem Sofa sitzen und sage: „Bis morgen!"

---

12. Mal ehrlich: Bist du ein guter Zuhörer?

- a Nein, ich unterbreche oft mitten im Satz, um selbst etwas zu erzählen.
- b Klar, ich lasse den anderen immer erst fertig reden, bevor ich selber spreche.
- c Beim Zuhören langweile ich mich schnell. Dann ertappe ich mich oft dabei, dass ich an etwas anderes denke.

---

13. Wie reagierst du, wenn du etwas nicht verstanden hast?

- a Ich schaue die Person mit einem fragenden Gesichtsausdruck an.
- b Ich sage: „Häh?"
- c Ich frage: „Wie bitte? Ich habe Sie nicht verstanden. Würden Sie die Frage bitte noch einmal wiederholen?"

14. Du besuchst einen Freund. Vor der Haustür merkst du, dass deine Schuhe schmutzig sind. Was machst du?

- a Ich gehe mit den Schuhen in die Wohnung. Ist doch nicht meine Schuld, dass der Weg vor dem Haus so matschig ist!
- b Ich klingele. Wenn mir die Mutter meines Freundes öffnet, mache ich sie darauf aufmerksam, dass ich mir meine Schuhe auf dem Weg zum Haus total versaut habe.
- c Ich ziehe die Schuhe vor der Haustür aus und gehe mit den Schuhen in der Hand in die Wohnung.

---

15. Ein Freund benimmt sich im Kino total daneben. Er redet laut während des Films und lässt das Popcorn auf den Boden fallen. Was machst du?

- a Ich mache jeden Scheiß mit.
- b Ich mache ihm klar, dass er damit aufhören soll.
- c Ich mache gar nichts.

---

16. Auf dem Schulfest stößt du unabsichtlich ein Mädchen an. Dabei verschüttet sie ihr Getränk. Was tust du?

- a Ich sage „Entschuldigung – ist alles ok?“ und gehe weiter.
- b Ich entschuldige mich und biete ihr an, ein neues Getränk zu holen.
- c Ich gehe einfach weiter.

Testauswertung

Zähle nun deine erreichten Punkte zusammen, und du erfährst, wie gut dein Benehmen schon ist.

	a	b	c	meine Punkte
Frage 1	0	5	10	
Frage 2	10	5	0	
Frage 3	0	10	5	
Frage 4	0	10	5	
Frage 5	0	5	10	
Frage 6	10	0	5	
Frage 7	10	5	0	
Frage 8	10	0	5	
Frage 9	5	0	10	
Frage 10	10	0	5	
Frage 11	0	10	5	
Frage 12	0	10	5	
Frage 13	5	0	10	
Frage 14	0	5	10	
Frage 15	0	10	5	
Frage 16	5	10	0	

Mein Benimm-Faktor:

über 130 Punkte

Du bist schon ein Star auf dem Benimm-Parkett!

Du weißt, was Etikette bedeutet, und lässt dich auch in schwierigen Situationen nicht aus der Ruhe bringen. Wenn du auch noch die letzten Unsicherheiten ausräumen möchtest, findest du in den folgenden Kapiteln sicher einige interessante Anregungen.

90 bis 130 Punkte

Du bist ein angehender Benimm-Profi!

Die Grundlagen zum Benimm-Profi hast du schon, doch bis zum perfekten Auftreten fehlen dir noch ein paar wichtige Kniffe. Lies dieses Buch, und du findest bestimmt eine Menge Antworten auf deine noch offenen Benimm-Fragen.

weniger als 90 Punkte

Du bist leider noch ein Elefant im Porzellanladen!

Gutes Benehmen ist zwar kein Fremdwort für dich, zum Benimm-Profi musst du jedoch noch eine Menge lernen. Dieses Buch wird dir auf dem Weg dahin eine große Hilfe sein. Viel Spaß dabei!

Gutes Benehmen ist „in"

Gutes Benehmen hat viele Namen: Takt, Höflichkeit, Manieren, Anstand, Etikette, Stil, Sitten, Rücksichtnahme, Respekt und viele mehr. Umgangsformen gibt es schon so lange wie es Menschen gibt. Denn durch sie wird ein Zusammenleben angenehm und häufig überhaupt erst möglich.

Weißt du, woher der Begriff Höflichkeit stammt?
Am Hofe des Königs gab es viele Regeln, zum Beispiel wie sich Untergebene dem König gegenüber richtig verhalten oder wie sich Adlige untereinander richtig benehmen sollen. Vom Verhalten am Königshof wurde also das Wort „Höflichkeit" abgeleitet.
Doch viele Höflichkeitsregeln haben sich im Laufe der Zeit verändert. Zum Beispiel war es früher üblich, einer verheirateten Frau zur Begrüßung als Zeichen der Verehrung einen Handkuss zu geben. Heute ist dies aus der Mode gekommen. Es gelten auch nicht überall die gleichen Regeln. Schreibt dir zum Beispiel ein Japaner seine Telefonnummer auf einen Zettel, und du steckst diesen Zettel in die Gesäßtasche deiner Jeans, bedeutet das für ihn: „Dieser Mensch interessiert mich nicht!" Du siehst, Benimm-Regeln verändern sich nicht nur, sie sind auch nicht überall gleich!

Warum soll ich mich überhaupt gut benehmen?

Umgangsformen sind eine praktische Hilfe, um das Zusammenleben mit anderen zu erleichtern. Selbst Menschen, die du nicht magst, haben ein Recht darauf, dass du ihnen mit Respekt und Achtung entgegentrittst. Umgekehrt möchtest du ja auch, dass man dich respektvoll behandelt. Stell dir vor, du grüßt jemanden, und dieser Mensch ignoriert dich daraufhin. Du würdest dich bestimmt ärgern oder sogar verletzt fühlen.

Ein persisches Sprichwort lautet: „Höflichkeit ist ein Vermögen, das den reicher macht, der es ausgibt.“ Genau so ist es. Befolgst du die Regeln der Höflichkeit, fühlst du dich gut, kommst leichter mit anderen Menschen ins Gespräch, wirst gemocht und wirkst sympathisch. Und: Wer sich gut benimmt, erreicht auch eher, was er will!

Lächle, lächle, lächle!

Auch wenn du an manchen Tagen auf nichts Lust hast und dich nicht gut fühlst, ist das noch lange kein Grund, die schlechte Laune an anderen auszulassen.

In solchen Frustmomenten könntest du dich zum Beispiel einschließen, laut aus dem Fenster brüllen (ohne dabei andere zu belästigen!), deinen Boxsack traktieren oder – was noch viel besser funktioniert – durch Lächeln deine Laune wieder verbessern. Lächeln bewirkt wahre Wunder.

Stell dich einmal vor den Spiegel und lächle dich übertrieben an. Halte deine „Lachfratze" zwei Minuten lang. Auch wenn du dir am Anfang vielleicht albern vorkommst, wirst du schnell merken, dass sich deine Laune schlagartig verändert. Durch das Lächeln wird deinem Gehirn signalisiert, das Glückshormon Serotonin auszuschütten.

Deshalb solltest du in Zukunft viel mehr lächeln. Das hilft nicht nur dir und deiner Laune, es macht auch andere Menschen glücklich, wenn du sie anlächelst.

Höflichkeit kommt von innen!

Höflichkeit bedeutet nicht, dass du Regeln und Vorschriften bloß auswendig lernst und dann bei entsprechenden Gelegenheiten einfach herunterrasselst. Ehrliches höfliches Verhalten hat mit deiner inneren Einstellung zu tun. Dazu kannst du zum Beispiel versuchen, dich in schwierigen Situationen gedanklich in einen anderen Menschen hineinzuversetzen und zu überlegen, welches Verhalten du selbst in dieser Situation von einem anderen Menschen erwarten würdest.

Zeige Respekt und sei fair!

Respekt und Fairness sind wichtig, damit das Zusammenleben von Menschen angenehm wird. Deshalb:

- Respektiere andere so wie sie sind! Egal, ob jemand klein, dick, hässlich, langsam etc. ist.
- Lästere nicht über andere und schon gar nicht hinter deren Rücken!
- Respektiere, wenn deine Eltern oder deine Freunde eine andere Meinung haben!
- Respektiere, wenn ein anderer besser ist als du. Gönne anderen auch den Erfolg!
- Jeder Mensch macht bekanntlich Fehler. Sei daher nicht nachtragend! Verzeih einem Freund oder einer Freundin einen Ausrutscher.

Respektiere auch die Tabubereiche der anderen!

Möchtest du, dass deine Eltern oder Geschwister in deinen Sachen herumkramen oder in deinem Tagebuch lesen, während du in der Schule bist? Sicher nicht! Genauso solltest auch du die Privaträume deiner Eltern, Geschwister und Freunde respektieren, die nicht für dich bestimmt sind. Wenn ein Freund sagt: „Ich möchte das nicht!", dann hast du das zu akzeptieren. Tabubereiche können übrigens auch körperliche Zonen sein. Wenn ein Mädchen oder ein Junge nicht möchte, dass du ihr oder ihm zu nahe kommst, gehört es zum guten Benehmen, diese Bitte zu respektieren!

Achte auf die Körpersprache der anderen!

An der Haltung, Gestik, Mimik und Stimme deines Gegenübers kannst du sehr oft seine innere Befindlichkeit ablesen. Hat ein Freund zum Beispiel einen strengen Blick (gerunzelte Stirn, schmale Augen, zusammengekniffener Mund) und dazu noch verschränkte Arme, könnte das bedeuten: „Lass mich in Ruhe!“ Hängende Schultern und ein trauriger Blick könnten dir auf der anderen Seite signalisieren: „Ich brauche Hilfe!“ Versuche, durch genaues Beobachten herauszufinden, welches Gefühl und welche Gedanken hinter den körpersprachlichen Signalen stecken.

Zusammenfassung

- **Im Test hast du erfahren, ob du bereits ein Star auf dem Benimm-Parkett bist.**
- **Dass gutes Benehmen das Zusammenleben einfacher macht und viel mit deiner inneren Einstellung anderen Menschen gegenüber zu tun hat, hast du außerdem gelernt.**

- **Auch an schlechten Tagen hilft dir eine einfache Lächelübung, deine Stimmung zu heben und zu anderen Menschen freundlich zu sein.**
- **Die Körpersprache deines Gegenübers (Mimik, Gestik, Haltung und Stimme) zeigt dir oft, wie es dem anderen geht, wie er sich fühlt, was er denkt…**

2. Gutes Benehmen in der Schule

Möchtest du erfahren, wie du mit Lehrern gut auskommen kannst?

Interessiert es dich, wie du dich vor Mobbing schützen kannst?

Kennst du die Benimm-Regeln für eine starke Klassengemeinschaft?

Sicher gehst du nicht jeden Tag gleich gut gelaunt in die Schule. Vielleicht ist es an schlechten Tagen auch nur der Gedanke an deine Freunde, die in der Schule auf dich warten, der dich aus dem warmen Bett kriechen lässt. Ein guter Treffpunkt ist die Schule auf jeden Fall. Der neueste Klatsch, die aktuellsten Infos über die angesagten Bands erreichen dich in der Schule am schnellsten. Was kannst du aber tun, damit deine Schule auch ein Ort ist, an dem du dich wohlfühlst, wenn du mal eine Klassenarbeit „vergeigt" oder fachlich insgesamt einen schlechten Lauf hast?

Entscheidend ist hier deine innere Einstellung sowie dein Verhalten gegenüber den Lehrern und deinen Klassenkameraden. Sicher musst du nicht mit allen „gut Freund" sein, doch gut miteinander auskommen solltet ihr. Nur dann fühlst du dich frei genug, um Fragen stellen, Fehler eingestehen und Kritik annehmen und äußern zu können. Gerade in brenzligen Situationen (zum Beispiel bei Mobbing oder unfairem Verhalten) ist es wichtig, dass du dich auf deine Klassenkameraden und Lehrer verlassen kannst.

Bedenke immer, ob im Unterricht oder in der Freizeit: Gut ist, wenn du nicht nur darauf wartest, dass die anderen dir etwas bieten (der Lehrer einen interessanten Unterricht, dein Freund die erwartete Entschuldigung), sondern wenn du selbst Einsatz zeigst!

Deinen Lehrern gegenüber

Sich gut mit seinen Lehrern zu verstehen, hat nichts mit Schleimerei zu tun, sondern ist eine Selbstverständlichkeit. Nur dann, wenn sich Menschen gut verstehen, können sie auch gut zusammen arbeiten, zum Beispiel dein Vater mit seinem Chef, ein Arzt mit seinem Patienten oder dein Fußballtrainer mit dir.
Hier nun ein paar Hilfen, wie du bei verschiedenen Problemen trotzdem gut mit deinen Lehrern auskommen kannst.

Wenn du inhaltlich nichts mehr verstehst

Arbeite zunächst zu Hause alles nach, was du möglicherweise versäumt hast. Fehlen dir Arbeitszettel oder wichtige Hefteinträge, dann bitte einen Klassenkameraden, dir auszuhelfen. Ist alles vollständig, dann schaust du dir den Lernstoff genau an. Formuliere nun gezielt Fragen zu den Inhalten, die dir dein Lehrer noch mal erklären soll.
Sprich deinen Lehrer vor dem Unterricht an und bitte ihn, dir entweder während der Stunde (vielleicht haben deine Mitschüler ja ähnliche Fragen wie du) oder später zu helfen. Trage ihm dabei deine vorbereiteten Fragen vor, und hake freundlich nach, wenn du seinen erneuten Erklärungen nicht ganz folgen kannst. Anschließend bedanke dich für seine Unterstützung.

Wenn du dich unfair behandelt fühlst

Zunächst solltest du überlegen, ob du tatsächlich unfair behandelt wurdest oder ob deinem Lehrer oder dir selbst ein Fehler unterlaufen ist. Nichts ist peinlicher, als wenn du vorwurfsvoll deinem Mathelehrer vorträgst, er hätte dir in der letzten Arbeit für eine Aufgabe zu wenig Punkte gegeben, dies aber bei genauem Hinsehen ganz und gar nicht so ist! Bist du dir jedoch sicher, dass du zum Beispiel bei der Vergabe der mündlichen Noten ungerecht behandelt wurdest, dann sprich deinen Lehrer darauf an. Dabei solltest du nicht voreingenommen sein und ihm von Anfang an unterstellen, dass er dies absichtlich getan hat.

Bitte deinen Lehrer unter vier Augen darum, dir genau zu erklären, wie er zum Beispiel zu dieser Note gekommen ist. Provoziere dabei keinen Streit, sondern signalisiere ihm, dass du ihm persönlich wohlgesonnen bist und du das Problem für beide Seiten akzeptabel lösen möchtest. Nur so wird dein Lehrer einen möglichen Fehler auch eingestehen.

Hat sich dein Lehrer tatsächlich geirrt, zeige keine Schadenfreude oder andere Triumphgefühle (auch nicht bei deinen Klassenkameraden), sondern bedanke dich dafür, dass dein Lehrer seine Entscheidung noch einmal überprüft hat.

Wenn dein Lehrer dich kritisiert

Bedenke zunächst: So wie du von deinem Lehrer erwartest, dass er kritikfähig ist, sich entschuldigt und falsche Entscheidungen rückgängig macht, so erwartet dies dein Lehrer natürlich auch von dir.

Sicher, Kritik ist nie schön. Gehst du aber produktiv damit um, kannst du viel aus deinen Fehlern lernen. Lass dir also von deinem Lehrer genau sagen, was zum Beispiel an deinem Aufsatz verbesserungswürdig ist und wie du in Zukunft die Satzeinleitungen besser schreiben kannst.

Als Nächstes solltest du zeigen, dass du dir die Kritik wirklich zu Herzen genommen hast und versuchst, es künftig besser zu machen. Denn machst du es beim nächsten Mal besser, zeigst du, wie lernfähig du bist. Das bringt dir die Anerkennung und Sympathie deines Lehrers ein.

Wenn du mit deinem Lehrer Streit hast

Hast du trotz aller vorbeugender Maßnahmen nun doch mal einen heftigen Streit mit deinem Lehrer, dann solltest du schnell aktiv werden und nicht warten, bis deine Eltern angerufen werden oder du zur Schulleitung musst.

Bitte deinen Lehrer möglichst bald um ein Gespräch unter vier Augen, und entschuldige dich, wenn es etwas zum Entschuldigen gibt, zum Beispiel, dass du laut geworden bist oder Dinge gesagt hast, die nicht nett waren.

Nun ist modernes Konfliktmanagement von dir gefragt, und das geht so:

1. *Schildere deine eigene Position und deine Gefühle:*
   „Ich fand es peinlich und habe mich verletzt gefühlt, als Sie mich vor der Klasse so bloßgestellt haben." Auch dein Lehrer sollte die Gelegenheit haben, seine Empfindungen zu schildern: „Nach diesem Referat war ich maßlos von dir enttäuscht und habe mich veräppelt gefühlt."

2. *Nun geht es darum, die eigentlichen Bedürfnisse, die hinter einem solchen Verhalten stehen, zu klären:*
   „Ich brauche inhaltlich mehr Sicherheit und Hilfe beim Strukturieren des Referats." „Und ich möchte von dir ernst genommen und um Hilfe gebeten werden."

3. *Jetzt muss gemeinsam eine Lösung für das Problem gefunden werden, mit dem beide Seiten einverstanden sind:*
   „Ich wäre Ihnen dankbar, wenn Sie mir bei diesem Thema inhaltlich ein bisschen unter die Arme greifen würden und mir dann eine zweite Chance geben, es besser zu machen." „Einverstanden! So machen wir es."
   Kannst du alleine, trotz perfektem Krisenmanagement den Konflikt mit deinem Lehrer trotzdem nicht lösen, dann hole dir Hilfe, zum Beispiel bei eurem Vertrauenslehrer oder Mediator.

Und bei all dem: Körpersprache beachten!

Denk immer daran, dass die Körpersprache, also die Gestik, Mimik, Haltung und Stimme, Ausdruck der inneren Befindlichkeit ist. Überprüfe einmal bei anderen und bei dir, ob das, was du inhaltlich sagst, tatsächlich auch das ist, was die Körpersprache ausdrückt. Lerne, dich hier zu kontrollieren. Denn wenn du in einem Gespräch deinem Lehrer verschärftes Interesse an seinem Unterricht zugesagt hast, wird er dir das nicht abnehmen, wenn du dich während der Stunde unmotiviert auf deinem Stuhl herumlümmelst oder aus dem Fenster schaust.

Deinen Mitschülern gegenüber

Mit deinen Mitschülern verbringst du viel Zeit. Manchmal können während der Schulzeit so tolle Freundschaften entstehen, dass sie noch Jahre später halten. Gerade in der Schule triffst du aber auch häufig auf Situationen, in denen es mitunter schwer ist, zu entscheiden, welches Verhalten nun das richtige ist. Hier findest du Antworten auf einige schwierige Fragen.

Ist Petzen nur was für Schleimer?

Gepetzt wird, weil sich die Petze dadurch erhofft, besser dazustehen als der Verpetzte. Mit Petzen solltest du Mitleid haben, denn sie wissen nicht, wie man auf faire Weise und unter vier Augen Probleme aus dem Weg räumt. Du hast das ja bereits gelernt.

Außerdem gehört zu einer Petze immer auch jemand, der sich die gepetzten Geschichten anhört. Das beste Mittel gegen Petzen ist also, einfach nicht zuzuhören und zu sagen: „Ich unterhalte mich gerne wieder mit dir, wenn du aufhörst, schlecht über andere zu reden."

Ist Abschreiben okay?

Grundsätzlich natürlich nicht, das weißt du. Das Problem beim Abschreiben ist aber noch ein anderes, außer dass du dich selbst und deine Lehrer betrügst.

Wer häufig abschreibt, bei gemeinsamen Referaten oder in Gruppenarbeiten immer die anderen arbeiten lässt, wird bald von seinen Klassenkameraden als Schmarotzer abgestempelt. Verzichte also lieber auf solch ein Verhalten, und überlege vielmehr, wo ihr euch tatsächlich beim Lernen sinnvoll gegenseitig unterstützen könnt. Wird es dann wirklich einmal eng mit den Hausaufgaben, hilft dir jeder gerne.

Was kannst du tun bei Mobbing?

Mobbing bedeutet, dauernd und systematisch über einen bestimmten Mitschüler herzuziehen und zu lästern, Lügen und Gerüchte zu verbreiten. Der Begriff Mobbing kommt aus dem Englischen und bedeutet ursprünglich „anpöbeln" und „schikanieren".

Für Mobbing gibt es verschiedene Gründe. Manchmal wird aus purer Langeweile gemobbt oder, um sich selbst dem schwachen Opfer gegenüber stark zu fühlen. Die meisten Anstifter haben ein geringes Selbstwertgefühl und wollen es aufbessern, indem sie sich und anderen beweisen, wie mächtig sie sind.

Gemobbt wird aber auch, um sich persönlich einen Vorteil zu verschaffen, zum Beispiel, um eine Mitbewerberin für die Hauptrolle beim nächsten Theaterstück auszustechen.

Bekommst du mit, dass ein Mitschüler gemobbt wird, solltest du Folgendes tun:

- Wer mobbt, braucht andere, die Beifall klatschen. Dadurch bekommen die Mobber die Anerkennung, die sie brauchen, um ihre Stellung in der Gruppe zu sichern und ihre eigenen Schwächen zu überspielen. Deshalb mach einfach nicht mit, und fordere andere auf, dies auch nicht zu tun.
- Beziehe Stellung und stärke dem Mobbing-Opfer den Rücken. Fordere auch deine Mitschüler auf, nicht den Täter, sondern das Opfer zu unterstützen.
- Hole Hilfe, wenn die Sache aus dem Ruder zu laufen droht. Ein Lehrer, der Vertrauenslehrer, deine Eltern, der Schulpsychologe, die Schulleitung, ein Mediator etc., wer auch immer dir dazu geeignet scheint, sollte euch professionell unterstützen.

Wie kannst du dich selbst gegen Mobbing und unfaires Verhalten schützen?

Lässt du dir nicht alles gefallen und gibst selbstbewusst, freundlich, aber bestimmt contra, lässt man dich bald in Ruhe. Denn dann spürt der Mobber: Du bist keine leichte Beute.

Also:

Zeig Selbstsicherheit!
Lass dich nicht so schnell durch kleine Provokationen oder Frotzeleien verunsichern. Wer sich leicht zum Opfer machen lässt, wird auch leicht zum Opfer. Selbstsicherheit zeigst du zum Beispiel auch durch deine Körperhaltung. Wirst du provoziert, dann zieh deinen Kopf nicht ein, sondern steh aufrecht, schau dem Unruhestifter fest in die Augen und sprich laut und bestimmt. So signalisierst du: „Vorsicht, ich lass mich nicht so leicht einschüchtern!“ Auch dabei solltest du dich immer freundlich oder zumindest neutral verhalten. Provozierst du zurück, beendest du nicht den Kampf, sondern legst nur neues Holz ins Feuer.

Hol dir Hilfe!
Scheue dich nicht, auch in eigener Sache Hilfe zu holen. Keine Sorge, wer Mobber zum Beispiel bei Lehrern oder der Schulleitung meldet, ist keine „alte Petze“, sondern handelt verantwortungsbewusst. So schützt du dich und andere. Auch hier bitte zusätzlich Freunde und Klassenkameraden um ihre Unterstützung. Gemeinsam seid ihr stark! Sprich sie persönlich an. Bei einem Gespräch unter vier Augen bekommst du ihre Unterstützung eher, als in der Gruppe.

Alles mitmachen oder Spielverderber sein?

Lass dich nicht zu etwas überreden, von dem du nicht überzeugt bist oder was dir sogar schaden könnte. Du musst nicht unbedingt die Matheaufgaben für die nächste Klassenarbeit klauen und kopieren, um von deinen Mitschülern Anerkennung zu ernten. Diese sind dir vielleicht für den Moment und deinen Einsatz dankbar, echten Respekt verschaffst du dir aber nur, wenn du offen und ehrlich sagst, was du möchtest und was nicht.

Sind Notlügen erlaubt?

Grundsätzlich sind Lügen natürlich nicht okay. Lügen ist auch gar nicht einfach, weil du ständig bemüht bist, deine Lüge mit neuen Lügen aufrechtzuerhalten. Kommt eine Lüge trotz all deiner Bemühungen raus, ist es fast immer peinlich. Also überlege dir gut, ob du wirklich eine Notlüge brauchst und vor allem, ob jemand dadurch zu Schaden kommt.

Deine Klasse – ein starkes Team

Höfliches Benehmen, gegenseitiger Respekt, rücksichtsvolles Verhalten – bemühen sich alle darum, stärkt dies den Zusammenhalt der Klasse und schafft gleichzeitig den nötigen Freiraum für sachliche Auseinandersetzungen und Kritik. Folgende Benimm-Regeln helfen dir dabei, aus deiner Klasse ein starkes Team zu machen:

Achte auf deine Wortwahl!

Sätze wie „Hey Alter, gib mal den Kuli her!" oder „Du gehst mir auf den Sack, du schwule Sau!", zeugen weder im Guten noch im Streit von besonderer Intelligenz oder gegenseitiger Achtung. Deshalb bemühe dich um eine angemessene Sprache. Damit erreichst du auch eher, was du möchtest.

Entschuldige dich!

Wenn du zu spät kommst, einen Fehler gemacht hast oder dich sonst irgendwie blöd benommen hast, dann entschuldige dich umgehend, ehrlich und ohne großes Aufsehen.

Vermeide unnötige Störungen!
Der Gang zum Papierkorb, lautes Rumpeln mit dem Stuhl, überflüssige Zwischenbemerkungen, all das stört die Konzentration deiner Mitschüler und deines Lehrers, und du solltest es deshalb lassen.

Sag direkt, was du denkst, und lass andere ausreden!
Auch du möchtest nicht unterbrochen werden, wenn du etwas Wichtiges zu sagen hast. Was du zu sagen hast, solltest du jedoch deutlich und geradeaus sagen. Ironische Bemerkungen, Provokationen oder indirekte Andeutungen sind meistens nicht die feine Art.

Sei hilfsbereit und verlässlich!
Bietest du einem Klassenkameraden für sein nächstes Referat deine Hilfe an, wird er dir gerne auch einmal helfen. Halte dich dabei immer an deine Abmachungen, sonst glaubt bald niemand mehr deine „leeren" Versprechungen.

Sei tolerant und kompromissbereit!
Ihr müsst nicht immer alle die gleiche Meinung haben, um gut miteinander auszukommen. Lass ruhig auch mal eine andere Meinung stehen. Wenn hingegen Entscheidungen getroffen werden müssen, die alle betreffen, dann versucht, einen Kompromiss im Sinne einer „Win-Win-Lösung" zu finden. Das ist eine Lösung, mit der alle zufrieden sind, wenn auch niemand zu 100 Prozent.

36

Gehe sorgsam mit fremdem Eigentum um!

Selbstverständlich musst du dafür sorgen, dass du geliehene Bücher, CDs, Stifte etc. dem Besitzer wieder unaufgefordert und unbeschädigt zurück gibst. Bei Beschädigungen biete an, dass du den Gegenstand ersetzt oder die Kosten dafür übernimmst. Genau das erwartest du nämlich auch von deinen Mitschülern, wenn sie sich bei dir etwas borgen – oder?!

Zusammenfassung

Entscheidend dafür, dass du dich in der Schule wohlfühlst, ist deine innere Einstellung sowie dein Verhalten den Lehrern und deinen Klassenkameraden gegenüber.

- **Sich gut mit seinen Lehrern zu verstehen, ist eine Selbstverständlichkeit. Nur dann, wenn sich Menschen gut verstehen, können sie auch gut zusammen arbeiten.**
- **Gerade bei deinen Mitschülern triffst du häufig auf Situationen, in denen es mitunter schwierig ist, zu entscheiden, welches Verhalten nun das richtige ist. Schreite ein, wenn gemobbt wird – sei selbstbewusst, und hole dir, wenn nötig, Hilfe, falls du selbst zum Mobbingopfer wirst.**

- **Bemüht euch alle in der Klasse um höfliches Benehmen, gegenseitigen Respekt und rücksichtsvolles Verhalten. Das stärkt eure Klassengemeinschaft.**

3. Gutes Benehmen beim Essen

Weißt du, wie du dir stilvoll den Bauch vollschlägst?

**Interessiert es dich,
wie du mit schwierigen Gerichten klarkommst?**

Kennst du die wichtigsten Tipps bei Tisch?

Bist du alleine zu Hause in deinem Zimmer, kannst du natürlich essen wie du magst. Keiner wird sich daran stören, auf welche Art du dein Essen vertilgst.

Zugegeben, lustig ist es alleine nicht. Schmecken wird es dir auch nicht sonderlich. Essen wird erst am Tisch mit deiner Familie, mit Bekannten und Freunden zu etwas Besonderem. Eine Mahlzeit dient nicht nur der Nahrungsaufnahme. Vielmehr ist das gemeinsame Essen am Tisch eine sehr gute Gelegenheit, sich treffen und unterhalten zu können.

Es gibt unterschiedliche Situationen, in denen jeweils andere Tischregeln gelten. Zu Hause sind dir alle Regeln gut bekannt und das Essen ein Kinderspiel. Im Hause eines Freundes oder einer Freundin gelten aber oft andere Spielregeln, die es zu beherzigen gilt. In Japan darf man Suppen geräuschvoll schlürfen, wie ist das eigentlich bei uns? Ist das Schlürfen der Suppe auch unter Freunden fehl am Platz?

Im Restaurant wird es noch kniffliger. Hier werden nun Fragen, wie du sitzt, welches Besteck du wann benutzen sollst oder auch die Art der Unterhaltung wichtig. Was du beachten musst, um die hohe Kunst der Tischmanieren zu beherrschen, erfährst du in diesem Kapitel.

beim Essen

Essen, aber mit Stil

Für besondere Anlässe legst du dich besonders ins Zeug. So auch bei einem Restaurantbesuch oder einem Essen in fremder Umgebung. Beachte dabei Folgendes:

Kurz vorgestellt

Kommst du in einen bereits mit Gästen gefüllten Raum, stellt der Gastgeber dich den anderen Gästen vor. Er folgt dem Prinzip: Der Herr wird der Dame vorgestellt, der Jüngere dem Älteren. Als Eintretender grüßt du immer zuerst mit Blickkontakt und zum Beispiel mit einem freundlichen „Hallo, ich heiße Florian!“ So machst du einen positiven Eindruck und zeigst, dass du dich darauf freust, auch die anderen kennen zu lernen.

So sitzt du richtig

Sobald dir der Gastgeber oder Kellner im Restaurant einen Platz zugewiesen hat, sei deinen Tischnachbarn gegenüber aufgeschlossen. Versuche, freundlich, aber nicht aufdringlich ins Gespräch zu kommen. Gerade beim Essen entwickeln sich häufig tolle Unterhaltungen.

Nun geht es darum, auch beim Sitzen eine gute Figur zu machen. Ein alter Merksatz hilft dir hierbei: „Sitze so bei Tisch, dass auf deinem Schoß eine Katze Platz hat und zwischen Rücken und Lehne eine Maus.“ Klingt lustig, bedeutet aber einfach nur: Setz dich aufrecht und gerade hin.

Bei dieser Sitzhaltung landen die Ellenbogen nicht auf dem Tisch. Du kannst sie somit frei bewegen und kleckerst deswegen weniger. Deine aufrechte Sitzhaltung lässt dich gut aussehen, und du kannst dich einfacher deinen Tischnachbarn zuwenden.

Behalte die Übersicht!

Du sitzt am Tisch und bekommst Panik: „Hilfe, wofür dieses ganze Besteck? Damit könnte ich ja einen Krieg anfangen!" Keine Sorge, der Aufbau ist logisch. Für jeden Gang ist ein Besteckssatz vorgesehen. Du arbeitest dich einfach von außen nach innen vor. So einfach ist das! Schau dir dazu das Bild auf Seite 43 an.

Das Besteck hat aber noch eine andere Bedeutung. Bist du mit deinem Gang oder dem gesamten Essen fertig, leg das Messer und die Gabel nebeneinander auf den Teller. So weiß jeder Bescheid, dass du satt bist. Nur dann erhältst du endlich den nächsten Gang oder den ersehnten Nachtisch!

Serviette

Falls du bisher geglaubt hast, die Serviette auf dem Tisch diene nur der Dekoration, liegst du falsch. Lege die Serviette vor dem Essen auf deinen Schoß. So schützt sie deine Kleidung vor unschönen Flecken und steht beim Servieren nicht im Weg. Außerdem tupfst du dir mit der Serviette den Mund ab, bevor du etwas trinkst.

Deinen Tischnachbarn bleibt es dadurch erspart, Essensreste an deinem Glas zu bewundern. Nach der Mahlzeit legst du die benutzte Serviette gefaltet und mit der sauberen Seite nach oben links neben deinem Teller ab.

Jetzt geht es los?!

Nichts ist peinlicher als das: Alle warten auf den Start des wohlverdienten Mahls, und du schlägst dir bereits deinen Bauch voll. Auch wenn dein Magen schon in deiner Kniekehle hängt und das Essen dir das Wasser in den Mund treibt, gilt folgende Regel: Alle fangen gleichzeitig an, es sei denn, der Gastgeber fordert dich ausdrücklich auf, vorher zu beginnen.

So bekommst du, was du brauchst

Was ist zu tun, wenn du zum Beispiel an das Salz nicht herankommst? Dann bitte den, dir das Salz zu geben, der deinem Objekt der Begierde am nächsten sitzt: „Könntest du mir bitte das Salz reichen?" Über den halben Tisch zu langen, sieht nicht nur plump aus. Es birgt außerdem die Gefahr, dass dein Ärmel in der Soße landet, die wiederum auf die Hose deines Sitznachbarn kleckern könnte, und das willst du bestimmt nicht. Hältst du dabei außerdem noch das Besteck in der Hand, sieht es so aus, als hättest du vor, eine Schlacht gegen die Tischgesellschaft zu gewinnen.

Möchtest du aufstehen?

Ein Grund zum Aufstehen ist natürlich ein dringendes Bedürfnis, das dich nicht mehr stillsitzen lässt. Sag kurz Bescheid: „Ich bin gleich wieder da." Mehr müssen deine Tischnachbarn nicht wissen. „Ich gehe mal für kleine Flamingos" kannst du unter Freunden oder in der Familie sagen. Das Ende des Essens bestimmt übrigens immer der Gastgeber.

Schwierige Gerichte

Diese kleine Gebrauchsanweisung hilft dir, Flecken auf den Klamotten und auf der Tischdecke zu vermeiden. Du bist auf der sicheren Seite und glänzt bei jedem Essen.

Spaghetti

- Stich in die Mitte des Nudelhaufens und fädel nicht zu viele Spaghetti mit der Gabel auf.
- Drehe sie auf, bis sich das letzte Nudelende um die Gabelspitze gewickelt hat.
- Behilf dir mit einem Löffel, falls das aufgerollte Nudelpäckchen von der Gabel zu rutschen droht.
- Beiß aus dem Mund hängende Nudeln nicht ab, sie könnten auf der Kleidung oder Tischdecke landen.

Übrigens verzichten Italiener ganz auf den Löffel. Wenn du im Restaurant nun jemanden beeindrucken möchtest, wähle eine harmlosere Nudelsorte wie Tortellini. Oder du übst zu Hause und bittest deine Mutter, einfach öfter dieses leckere Gericht zu kochen.

Wassermelone

- Teile das Melonenstück in zwei Hälften, und schneide diese jeweils in Spalten.
- Schneide die Spalten dünn genug, damit sich das klebrige Melonenwasser nicht in deinem Gesicht verteilt.

- Iss die Kerne mit oder spucke sie in die linke Hand. Führe dabei die Hand zum Mund und nicht umgekehrt.
- Im Restaurant isst du die in Spalten servierte Melone übrigens immer mit Messer und Gabel.

Suppe

- Eine Suppentasse leerst du ganz, indem du die Tasse am Henkel fasst und den letzten Rest (ohne feste Bestandteile) einfach austrinkst.
- Der Suppenteller wird nie schräg gehalten. Gelöffelt wird, indem du den Löffel im Teller immer von dir wegführst. Heiße Suppe landet so nicht auf deinem Schoß.
- Puste nicht auf den Löffel mit der heißen Suppe, sondern warte, bis sie etwas abgekühlt ist. Das freut auch die Tischdecke.

Erbsen

- Befördere Erbsen mit der Gabel in den Mund.
- Kullern sie weg, zerdrücke sie leicht und verklebe sie mit einem Klecks Kartoffelpüree oder anderem Essen auf deinem Teller.

Maiskolben

- Du darfst Maiskolben mit den Fingern essen.
- Häufig werden im Restaurant kleine Spieße gereicht; diese steckst du seitlich in den Maiskolben.

Pizza

- Im Restaurant isst du Pizza mit Messer und Gabel, auch wenn sie schon in Stücke geschnitten ist.
- Pizzaauflagen, die du nicht magst, zum Beispiel Oliven, Artischocken oder Peperoni, legst du einfach sauber an den Tellerrand.

Fleisch- und Gemüsespieße

- Nimm den Spieß am Endstück in die Hand, setz ihn schräg auf dem Teller ab, und schiebe mit der Gabel vorsichtig Fleisch- und Gemüsestücke auf den Teller.
- Iss die Stücke einfach mit Messer und Gabel.
- Lege den Spieß am oberen Tellerrand ab, so kommt er dir nicht weiter in die Quere.

Ein unbekanntes Gericht

Schau ruhig zu, wie dein Tischnachbar das fremde Gemüse, Fleisch oder die Frucht bearbeitet. Ahme nach, was du siehst. Du kannst aber auch einfach nachfragen, wie die entsprechende Speise gegessen wird. Vielleicht ergibt sich daraus ja ein interessantes Gespräch über ein fremdes Land mit ungewöhnlichen Sitten und Traditionen?

Antworten auf wichtige Fragen

Hinterlässt du einen guten Eindruck bei deinen Gastgebern, wirst du immer wieder gerne eingeladen.

Darf angestoßen werden?

Bei festlichen Anlässen stoßen Gäste während des Essens nicht an. Der Gastgeber eröffnet das Trinkzeremoniell, indem er das Glas hebt, in die Runde schaut und „Zum Wohl" wünscht. Du fasst dein Glas nun am Stiel, stellst Blickkontakt mit dem Gastgeber her und trinkst erst einmal nur einen Schluck. Schau ihn an, und setz das Glas wieder ab. Ab jetzt darfst du trinken, wann du magst. In lockerer Runde unter Freunden ist Anstoßen natürlich erlaubt.

Muss ich immer aufessen?

Nein! Wenn du satt bist oder das Essen dir nicht schmeckt, brauchst du nicht alles aufzuessen. Eine Kleinigkeit solltest du aber wenigstens immer probieren. Vielleicht schmeckt es dir ja doch besser als gedacht.

Darf ich einen Zahnstocher benutzen?

Haben sich störrische Essensreste in deinen Zahnzwischenräumen verfangen, kannst du dich im Waschraum mit Hilfe eines Zahnstochers davon befreien. Für den Gebrauch eines Zahnstochers bei Tisch gibt es nämlich keine stilvolle Art.

Was sind Tabuthemen beim Essen?

Die Blähungen von Opa, dein Pickelausdrücken und das Enthaaren der Beine deiner Mutter sollten keine Themen bei Tisch sein. Solche Themen verderben den anderen den Appetit oder die Laune. Ebenso solltest du unangenehme Krankheiten, Details von „aufregenden" Operationen oder dramatischen Sportunfällen vermeiden.

Wie bekomme ich einen Nachschlag?

Wird er dir angeboten, kannst du zur Freude deines Gastgebers immer annehmen. Wenn noch ausreichend Essen vorhanden ist, darfst du natürlich auch nachfragen, ob du noch etwas haben darfst. Dein Gastgeber freut sich in jedem Fall darüber, wenn du sagst, dass es dir schmeckt.

Was mache ich, wenn eine Panne passiert?

Dann solltest du den Fleck einfach übersehen oder deinen Teller leicht verschieben. Mach dir keinen Stress, denn Tischdecken können gewaschen werden. Übrigens: Kleine Mengen auf Gabel und Teller verhindern Fleckenpannen.

Wohin mit Olivenkernen und anderen Speiseresten?

Kerne aller Art spuckst du unauffällig in die linke Hand und legst sie dann am Tellerrand ab. Auf gar keinen Fall gehören sie, wie übrigens alle anderen Speisereste auch, in den Aschenbecher.

Darf ich mit vollem Mund reden?

Auf gar keinen Fall! Schlucke deine zerkauten Bissen hinunter, bevor du sprichst. Angekautes Essen sieht eklig aus und fällt gerne auch mal aus dem Mund. Mit kleinen Portionen im Mund kannst du schneller auf Fragen antworten oder deine lustige Geschichte erzählen, für die dein Tischnachbar gerade ein Schlagwort geliefert hat.

Von welcher Seite kommt der Kellner?

Um Zusammenstöße zu vermeiden, solltest du Folgendes wissen: Bringt der Kellner Speisen, kommt er von links, bringt er die Getränke, reicht er sie von rechts.

Zusammenfassung

- **Wenn du dich an die wichtigsten Tischsitten hältst – also stilvoll isst –, bist du nicht nur auf der sicheren Seite, sondern machst bei vielen Menschen Eindruck.**
- **Gerade beim Verzehr von schwierigen Gerichten (z. B. Spaghetti, Suppe, Maiskolben, Spieße) kannst du beweisen, dass du ein Benimm-Profi bist.**
- **Wenn du einen guten Eindruck bei deinen Gastgebern hinterlässt, wirst du immer wieder gerne eingeladen. Beachte dabei die Antworten auf die wichtigsten Fragen.**

4. Gutes Benehmen in der Öffentlichkeit

Was solltest du bei einem Flirt beachten?

Wie wirst du überall zum gern gesehenen Gast?

Wie verschaffst du dir einen perfekten Auftritt in der Öffentlichkeit?

Im Kreise der Familie fühlst du dich wohl, und ein paar Benimm-Patzer werden dir nicht übel genommen. Wenn du allerdings alleine unterwegs bist, wird es schwieriger. Vielleicht lädt dich ein Freund nach Hause ein, oder du hast vor, dich mit einem Jungen oder einem Mädchen zu verabreden. In solchen Situationen gilt es zu zeigen, was du in Sachen Benimm und guten Manieren wirklich drauf hast. Vielleicht bist du auch im Umgang mit fremden Menschen an öffentlichen Orten unsicher und weißt nicht, wie du dich ihnen gegenüber respektvoll verhalten kannst.
Übrigens: Wusstest du, dass das deutsche Wort für Respekt aus dem Lateinischen abgeleitet ist? Es bedeutet: „zurückblicken, sich umsehen und Rücksicht." Wer andere respektiert, schenkt ihnen demnach Achtung und Wertschätzung.

Zu wissen, worauf du bei einem Treffen mit neuen Freunden oder Fremden achten musst, gibt dir Selbstvertrauen und Sicherheit. In Japan begrüßen sich die Menschen mit einer Verbeugung. Je höher eine Person angesehen ist, desto tiefer ist die Verbeugung vor ihm. Welche Regeln bei uns gelten, und was du in der Öffentlichkeit beachten solltest, erfährst du in diesem Kapitel.

Öffentlichk

Sofern du mit einem Freund oder einer Freundin bereits mehrmals alleine unterwegs warst, ist es leicht: „Gehen wir Eis essen? Morgen um zwei?“ Ihr kennt euch und verabredet euch einfach. Doch wie ist es beim ersten Mal?

Die erste Verabredung

Wie fragst du ihn oder sie? Und wann ist der richtige Moment dafür? Überlege dir immer vorher, was du sagst und wann, wo und wie du es sagst. So vermeidest du, dass du beim Ansprechen Nervenflattern bekommst und schließlich völlig sprachlos dastehst. Geh am besten ein paar Tage vor dem erhofften Date zu ihm oder ihr, und frage ohne große Umschweife: „Ich habe Lust, mit dir ins Kino zu gehen. Hast du auch Lust dazu?“ Bei einem „Ja“ kannst du gleich deine Idee für den Zeitpunkt und euren Treffpunkt äußern. Während der Unterhaltung stehst du locker und aufrecht da und schaust dabei in seine bzw. ihre Augen. Halte den Blickkontakt, denn so zeigst du dein Interesse.

Tipp

Fällt es dir schwer, jemandem in die Augen zu schauen? Dann stell dir an der Stelle zwischen den Augenbrauen einen funkelnden Stern vor. Statt in die Augen, schaust du nun den „Stern“ beim Sprechen an.

Was mache ich bei einer Ablehnung?

Bei einem „Nein" holst du erstmal tief Luft und sagst: „Schade." Hake nach, ob es eine andere Möglichkeit gibt, die passender ist: „Zu was hättest du denn Lust?" Reagiert dein Fast-Freund oder deine Fast-Freundin irgendwie mit Ausflüchten, dann geh davon aus, dass er oder sie an einem Treffen mit dir nicht besonders interessiert ist. Sei nicht entmutigt: Es muss gar nichts mit dir zu tun haben. Bekommst du allerdings öfter einen „Korb", frag genauer nach. So erfährst du, ob es Zufall war oder ob du irgendwas tust, was andere stört. Das kann ja jedem mal passieren. Für Flirt-Hilfen in diesem und in jedem anderen Fall empfehle ich dir das Buch „Flirten – fit in 30 Minuten".

Muss ich mit den Eltern reden?

Ja, denn die Eltern möchten natürlich gerne wissen, mit wem ihre Tochter oder ihr Sohn unterwegs ist. Stell dich einfach kurz vor, und sage ihnen, warum du gekommen bist, wenn du an der Haustür stehst: „Guten Tag. Ich bin Robin und möchte gerne Susanna besuchen." So einfach ist das.

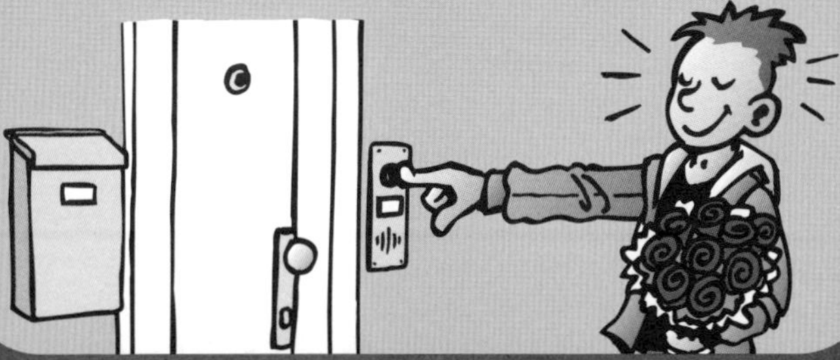

Als Gast gern gesehen

Die erste Hürde als Gast ist die Begrüßung. Je vertrauter du mit jemandem bist, umso weniger wichtig ist die Form der Begrüßung. Per Handschlag grüßt du, wenn dein Gegenüber das signalisiert. Achte immer auf Blickkontakt! Übrigens stammt der Brauch des Händeschüttelns aus früherer Zeit. Krieger zeigten damit ihre leeren, unbewaffneten Hände. Hast du diese erste Hürde geschafft, geht es …

… ab ins Wohnzimmer

Nach dem Begrüßungsritual wirst du ins Wohnzimmer gebeten.

Du setzt dich cool und ohne Aufforderung hin, fläzt dich breitbeinig mitten aufs Sofa und verschränkst die Arme vor der Brust. So wirkst du respektlos, rüpelhaft und abweisend.

Fragst du jedoch, wo du dich hinsetzen darfst, punktest du gleich bei deinen Gastgebern. Auch hier: Sitze aufrecht, aber nicht verkrampft und halte deine Beine möglichst geschlossen. Falls du nicht weißt, wohin mit deinen Händen, dann lege sie anfangs einfach locker in den Schoß. Geschafft? Dann ab …

… zu Kaffee und Kuchen

Du wirst zum Kaffee gebeten. Klar, dass hier die üblichen Tischmanieren gelten. Siehe dazu auch Kapitel 3.

Die Gastgeber versuchen, dir ihren selbst gebackenen Kuchen mit Nachdruck unterzuschieben. Du magst aber ausgerechnet diesen Kuchen nicht und bekommst davon keinen Bissen runter. Schließlich sagst du: „Meine Mutter backt aber besseren Kuchen."

Warte, bis alle am Tisch sitzen und mit dem Essen beginnen. Erst dann darfst du dich auch über den Kuchen hermachen. Du willst noch ein Stück? Frage, bevor du zugreifst: „Darf ich noch ein Stück von dem leckeren Kuchen haben?" Hast du keine Lust mehr auf den Kuchen, dann kannst du sagen: „Danke, das ist lieb von Ihnen, aber ich kann wirklich nicht mehr!" oder: „Nein danke, ich mag Süßes nicht so gerne." Und weiter geht es mit…

… Small-Talk

Deine Gastgeber wollen sich mit dir unterhalten, um dich besser kennen zu lernen. Meistens stellen sie dann ein paar Fragen, um mit dir ins Gespräch zu kommen.

Du gibst sehr einsilbige Antworten, wie zum Beispiel „Nö", „Schwimmen"„Bürokaufmann" oder „12". Damit werden alle möglichen Gespräche schon im Keim erstickt. Du erweckst damit den Eindruck, uninteressiert, unhöflich und verschlossen zu sein.

Bietet man dir etwas zu trinken an, ist es höflich anzunehmen. So zeigst du, dass du gerne da bist. Du darfst auch nach einer einfachen Alternative fragen: „Danke, Tee mag ich nicht so gerne, aber wenn ich ein Wasser bekommen könnte?"

Erzähle ruhig auch etwas von dir. So kannst du das Gespräch auch viel besser in eine Richtung lenken, die dir angenehm ist. Beginne das Gespräch mit W-Fragen, also mit Fragewörtern, die mit „W" beginnen, wie zum Beispiel „Wer?", „Wo?" oder „Warum?". Das sind sogenannte offene Fragen, auf die dein Gegenüber nicht nur mit „Ja" oder „Nein", sondern ausführlich antworten muss.

Oft reicht es schon, wenn du dich interessiert zeigst: „Das ist aber eine schöne Katze, wie heißt sie denn?" Versuche, keine Themen anzuschneiden, über die du nicht Bescheid weißt, aber glaubst, damit beeindrucken zu können. Das kann ganz schön in die Hose gehen und macht dich nur nervöser, als du vielleicht ohnehin schon bist.

Rücksichtsvolles Verhalten in der Öffentlichkeit

Öffentliche Orte sind z.B. eine Arztpraxis, öffentliche Verkehrsmittel oder der Supermarkt. Gegenseitige Rücksicht macht hier das Miteinander einfacher.

Beim Arzt

Der reinste Horror für Ärzte sind Patienten, die schlecht riechen (stinken), weil sie sich nicht gewaschen haben. Tu deinem Arzt etwas Gutes, indem du dich vorher duschst, die Zähne putzt und saubere Klamotten anziehst. Lange Wartezeiten beim Arzt sind natürlich lästig. Solltest du jedoch ausreichend Zeit haben, dann lass ruhig einem Patienten den Vortritt, der die Hilfe des Arztes dringender benötigt als du.

In öffentlichen Verkehrsmitteln

Ein typisches Zeichen für schlechtes Benehmen in öffentlichen Verkehrsmitteln ist das Drängeln. Jeder will zuerst im Bus oder Zug sein. Auch hier ist Geduld eine Tugend. Lass in Zukunft auch einmal anderen den Vortritt, und steige als Letzter ein. So hinterlässt du auf alle Fälle einen guten Eindruck.

Älteren, schwer beladenen Menschen oder Müttern mit Kindern sowie Behinderten solltest du auf jeden Fall deinen Platz anbieten: „Möchten Sie sich setzen?“

Rollstuhlfahrer sowie Menschen mit einem Kinderwagen könnten außerdem deine helfende Hand auch beim Ein- und Aussteigen gebrauchen.

Beim Einkaufen

Wer kennt sie nicht: unbeteiligte und wenig freundliche Verkäufer. Solltest du beim Einkaufen Hilfe benötigen, dann begib dich auf die Suche nach einem Verkäufer (häufig findet man keinen, wenn man einen braucht). Schau ihm erst in die Augen, bevor du ihn freundlich ansprichst. Erst wenn dein Gegenüber seine Gesprächsbereitschaft über Blickkontakt signalisiert, kannst du dein Anliegen vortragen. Viele Verkäufer wirken auf den ersten Blick unfreundlich, weil sie von Kunden wie „der letzte Dreck" behandelt werden. Mach du es anders, und trete ihnen mit Respekt und Freundlichkeit entgegen. In den meisten Fällen ist der Verkäufer dann auch freundlich und hilfsbereit.
Beim Einkaufen kannst du gutes Benehmen übrigens auch anderen Kunden gegenüber zeigen: Vollführe mit dem Einkaufswagen zwischen den Regalen kein Formel-1-Rennen, und stelle oder hänge die begutachteten Waren wieder dorthin, wo du sie her hast. Wenn jemand Hilfe braucht, weil etwas hingefallen ist oder er nicht weiß, wo die Pfandflaschen abgegeben werden, dann hilf freundlich, schnell und unkompliziert. Auch hier kannst du eiligen Kunden an der Kasse ruhig hin und wieder den Vortritt lassen.

Der perfekte Auftritt

Egal, wo und wann du deinen „Auftritt“ hast – mit den folgenden Tipps bist du immer auf der sicheren Seite.

Sei pünktlich!

So kann man sich auf dich verlassen, und du zeigst, dass dir deine Eltern, Freunde, Lehrer etc. wichtig sind.

Wähle ein angemessenes Outfit!

Suche bei wichtigen Verabredungen wie dem Vorstellungsgespräch für ein Praktikum oder auch für ein Referat nicht dein schrillstes Outfit aus. Überzeugen möchtest du schließlich mit dem, was du sagst, und nicht mit deinem braungebrannten Bauch oder den tiefhängenden Skaterhosen. Achte darauf, dass du dich in deinem Outfit wohlfühlst, es sauber ist und gut riecht.

Käppi ab!

Auch wenn das Käppi zu deinem Style gehört. Übrigens gehört es schon immer zum guten Benehmen, dass Kopfbedeckungen in der Schule, zu Hause, im Restaurant, bei Besuchen etc. abgenommen werden. Einen Hut – oder heute ein Käppi – trägt man wie eine Jacke unterwegs. Bist du irgendwo angekommen, zeigst du das, indem du es selbstverständlich abnimmst.

Kaugummi raus!

Unter Freunden ist das kein Problem. Deinem Gesprächspartner gegenüber ist es jedoch unzumutbar, wenn du während des Sprechens auch noch kaust.

Pflege deine Hände!

Schön gepflegte Hände und Fingernägel fallen auf und machen Eindruck.

Handy aus!

Unterbrichst du ein Gespräch, um dich mit deinem Handy zu beschäftigen, fühlt sich dein Gegenüber schnell vernachlässigt. Ohne Handy signalisierst du: „Das Gespräch mit dir ist mir jetzt wichtig – alles andere kann warten!"

Und: Sei sparsam mit Düften und Make-up!

Zusammenfassung

- **Gehe bei Verabredungen behutsam vor. Überlege dir vorher eine Strategie.**
- **Halte immer Blickkontakt, denn so signalisierst du Interesse.**
- **Begegne Menschen in der Öffentlichkeit mit Freundlichkeit und Respekt.**
- **Beachte die Grundregeln für einen guten Auftritt in der Öffentlichkeit.**

Empfehlenswerte Bücher

Gemmer, Björn:
Konflikte lösen – fit in 30 Minuten
Offenbach: GABAL Verlag 2001

Hipp, Barbara:
Selbstbewusstsein – fit in 30 Minuten
Offenbach: GABAL Verlag 2001

Konnertz, Christiane & Konnertz, Dirk:
Reden und präsentieren – fit in 30 Minuten
Offenbach: GABAL Verlag 2001

Konnertz, Dirk & Jennemann, Dirk:
Flirten – fit in 30 Minuten
Offenbach: GABAL Verlag 2001

Konnertz, Dirk:
Überzeugen – fit in 30 Minuten
Offenbach: GABAL Verlag 2001

Stichwortregister

Kennst du schon die anderen Bücher aus der Reihe „Kids auf der Überholspur"?